APRENDIZAGENS CRIATIVAS

Dados Internacionais de Catalogação na Publicação (CIP)
(Câmara Brasileira do Livro, SP, Brasil)

Maluf, Angela Cristina Munhoz
    Aprendizagens criativas : sugestões inovadoras para ensinar / Angela Cristina Munhoz Maluf. – Petrópolis, RJ : Vozes, 2024.

   Bibliografia.
   ISBN 978-85-326-6793-9

   1. Aprendizagem 2. Criatividade (Educação)
3. Educação 4. Pedagogia I. Título.

23-187229   CDD-370

Índices para catálogo sistemático:
1. Aprendizagem : Educação   370
Tábata Alves da Silva – Bibliotecária – CRB-8/9253

Angela Cristina Munhoz Maluf

APRENDIZAGENS CRIATIVAS

Sugestões inovadoras
para ensinar

EDITORA
VOZES

Petrópolis

© 2024, Editora Vozes Ltda.
Rua Frei Luís, 100
25689-900 Petrópolis, RJ
www.vozes.com.br
Brasil

Todos os direitos reservados. Nenhuma parte desta obra poderá ser reproduzida ou transmitida por qualquer forma e/ou quaisquer meios (eletrônico ou mecânico, incluindo fotocópia e gravação) ou arquivada em qualquer sistema ou banco de dados sem permissão escrita da editora.

CONSELHO EDITORIAL

Diretor
Volney J. Berkenbrock

Editores
Aline dos Santos Carneiro
Edrian Josué Pasini
Marilac Loraine Oleniki
Welder Lancieri Marchini

Conselheiros
Elói Dionísio Piva
Francisco Morás
Gilberto Gonçalves Garcia
Ludovico Garmus
Teobaldo Heidemann

Secretário executivo
Leonardo A.R.T. dos Santos

PRODUÇÃO EDITORIAL

Aline L.R. de Barros
Marcelo Telles
Mirela de Oliveira
Otaviano Cunha
Rafael de Oliveira
Samuel Rezende
Vanessa Luz
Verônica M. Guedes

Conselho de projetos editoriais
Isabelle Theodora R.S. Martins
Luísa Ramos M. Lorenzi
Natália França
Priscilla A.F. Alves

Editoração: Débora Spanamberg Wink
Diagramação: Littera Comunicação e Design
Revisão gráfica: Fernando S. Olivetti da Rocha
Capa: Rafael Machado

ISBN 978-85-326-6793-9

Este livro foi composto e impresso pela Editora Vozes Ltda.

Entendemos que criatividade é ação, pois colocamos as nossas ideias em atuação e necessitamos oportunizar aos aprendizes estratégias inovadoras e desafiantes, independentemente do espaço de aprendizagem em que atuamos.

Angela Cristina Munhoz Maluf

Sumário

1 – Apresentação, 9

2 – Significando as aprendizagens criativas, 13

3 – Como obter o poder criativo na promoção da aprendizagem, 19

4 – A importância de utilizar aprendizagens criativas em espaços de aprendizagem, 25

5 – Como introduzir as aprendizagens criativas em espaços de aprendizagem, 35

6 – Soluções para as "não aprendizagens" no processo de ensino, por meio de aprendizagens criativas, 45

7 – Trinta sugestões de aprendizagens criativas em espaços de aprendizagem, 57

8 – Considerações finais, 93

Referências, 97

1
Apresentação

O sujeito aprendiz é uma unidade de complexidades, um ser pensante que constrói o seu próprio saber. Portanto, o não aprender permanece ligado ao sujeito aprendiz como um todo, e ele é capaz de tentar descobrir e desenvolver competências cognitivas ou, até mesmo, analisar as barreiras na construção do seu conhecimento.

Independentemente dos obstáculos na aprendizagem, o sujeito aprendiz pode aprender, desde que seja usada uma metodologia com esse propósito. Para que isso ocorra é fundamental existir um intermediador, que podemos chamar de "mediador de aprendizagens". E é essencial que esse mediador compreenda o que propicia a aprendizagem do sujeito aprendiz e o que a limita.

É possível interferir no processo de desenvolvimento da aprendizagem do sujeito aprendiz por meio do uso de aprendizagens criativas cujas metas básicas sejam o acesso do aprendiz ao conhecimento e a sua formação como sujeito crítico, criativo e autônomo, capaz de agir no seu meio e transformá-lo. Dessa forma, o mediador de aprendizagens criará e utilizará de novas aprendizagens, visando a um melhor desempenho em várias situações de vida do aprendiz, facilitando ou desobstruindo o caminho, resgatando etapas defasadas do seu desenvolvimento cognitivo, afetivo e social, evitando diversos prejuízos, favorecendo seu relacionamento interpessoal, ampliando horizontes, mostrando-lhe diferentes maneiras de aprender, levando-o a construir uma identidade autônoma, cooperativa e criativa, estimulando o autocontrole e a autoconfiança e auxiliando-o a compreender o mundo e a sua própria existência.

A autora

2
Significando as aprendizagens criativas

Defino aprendizagens criativas como novas e atualizadas estratégias de ações educativas que mediadores de aprendizagens poderão desenvolver em suas práticas educativas nos diversos espaços de aprendizagem, de maneira que possam ensinar e intervir significativamente na aprendizagem de sujeitos aprendizes por meio de atividades lúdicas. A atividade lúdica é a própria ação, e o momento vivido espontaneamente pelo aprendiz permite que ele vivencie sua interação "e sua autonomia em um tempo e espaço próprio, particular" (Brito, 2013, p. 23).

As atividades lúdicas tornam-se aprendizagens criativas, que passam a ser propostas recreativas inovadoras e desafiantes, de caráter físico e mental. Elas poderão ser inseridas nos espaços de aprendizagem por meio de atividades corporais ou intelectivas, capazes de descontrair o sujeito aprendiz e possibilitar a expressão do agir e do interagir, sendo para ele um laboratório de novas e contínuas aprendizagens.

Todo sujeito aprendiz está em constante aprimoramento, procurando contribuições para tornar o seu ato de aprender prazeroso e significativo. Até mesmo os mediadores de aprendizagens estão sempre em busca de metodologias melhores e mais adequadas. Ainda assim, continuam insatisfeitos com os resultados, e os aprendizes, por sua vez, não se sentem atraídos pela aprendizagem, não se sentem determinados em aprender e não consideram nem um pouco fascinante o livro didático, as aulas, o trabalho, o seu cotidiano.

As aprendizagens criativas, por meio de atividades lúdicas, além de serem primordiais para exercitar as habilidades essenciais ao desenvolvimento do sujeito aprendiz em várias circunstâncias, podem possibilitar a ele a capacidade de lidar com os sentimentos e desafios, buscando competência para administrar situações diárias com eficácia e de maneira divertida.

Papert (1994) alerta que atividades lúdicas não constituem apenas momentos de diversão;

isso porque existem estratégias a serem observadas durante as brincadeiras. O autor desenvolveu sua prática com a informática educativa baseada na crença de que a criança pode ser vista como construtora de suas próprias estruturas intelectuais, de que ela parece ser um aprendiz inato e de que ela constrói suas estruturas de pensamento a partir da exploração do ambiente em que vive. É possível afirmar que Papert procurou um meio que permitisse à criança uma especial realização de descobertas de novos processos de pensar.

Na perspectiva de Vygotsky (1989), as atividades lúdicas não estão simplesmente ligadas ao prazer. Desse modo, é imprescindível destacar que as atividades lúdicas geram muitos benefícios para o sujeito aprendiz em distintos períodos de sua existência, referente às ações desenvolvidas por ele.

> A atividade lúdica [...] proporciona o prazer e divertimento durante as aulas, ao passo que ajuda a desenvolver no educando habilidades cognitivas e motoras; atenção e percepção; capacidade de reflexão; conhecimento quanto à posição do corpo; direção a seguir e outras habilidades importantes para o desenvolvimento da pessoa humana (Pinheiro; Santos; Ribeiro Filho, 2013, p. 3).

Para Piaget (1994), a atividade lúdica é o berço obrigatório das atividades intelectuais da criança, sendo, por isso, indispensável à prática educativa. Além disso, os estudos que venho realizando referentes à ludicidade mostram claramente a importância das aprendizagens criativas para o desenvolvimento e a aprendizagem do sujeito aprendiz com ou sem barreiras de aprendizagem, evidenciando ser um excelente recurso pedagógico dentro e fora da sala de aula.

O mediador de aprendizagens deverá oportunizar ao sujeito aprendiz a comunicação consigo mesmo e com o mundo onde está inserido, bem como desenvolver nele o aprendizado para ouvir, respeitar, pensar, agir e cuidar de si, do outro, da escola etc. Isso implica o fato de que o mediador precisa planejar adequadamente sua prática educativa com multiplicidades em aprendizagens criativas que atendam o aprendiz na sua forma de ser, conhecer e desenvolver em tempos e ritmos próprios.

É de suma importância que o mediador de aprendizagens use o seu poder criativo e trabalhe da forma mais lúdica possível, pois esse formato torna-o mais disposto a assumir riscos, explorar possibilidades e caminhar pela incerteza sem ser paralisado pelo medo do fracasso.

Não podemos esquecer que a criatividade pode ser aplicada em qualquer área da vida. Ser criativo é pensar de forma diferente! Se você gosta de inovar, isso é possível graças às aprendizagens criativas! Profissionais criativos não ficam só na fase das ideias – eles as executam.

Utilizando aprendizagens criativas em qualquer espaço de aprendizagem, elas vão auxiliar o sujeito aprendiz a desenvolver várias capacidades, possibilitando prazer, alegria e estímulo intelectivo para instruir-se, bem como oportunidade de autodomínio, autoexpressão e autorrealização em seu desenvolvimento pleno como pessoa e para a vida. Além de tornar-se mais operativo, ficará mais feliz e irá se descontrair.

Considero as aprendizagens criativas inovações necessárias para melhorar as propostas do ensinar. O objetivo delas é proporcionar ao sujeito aprendiz oportunidades de verificar e ampliar seus conhecimentos por meio de atividades lúdicas interativas que estimulam a reflexão, o pensamento e o comportamento, motivam o aprendiz a lidar melhor com seus sentimentos e experiências vivenciadas e tornam seu aprendizado muito mais abrangente.

3
Como obter o poder criativo na promoção da aprendizagem

Sabemos que ser criativo é ter a capacidade de criar, produzir ou inventar coisas novas. É muito importante que a criatividade esteja presente no dia a dia em espaços de aprendizagem, sobretudo nas ações educativas dos mediadores de aprendizagens.

Para Robbins (2000), a criatividade é comum a muitas pessoas e o potencial criativo floresce diante de um problema. Entretanto, para que o potencial aconteça, é preciso fugir do tradicional, reinventar e associar situações comuns a coisas inusitadas, desprendendo-se das rotinas que acomodam. Ele ainda sugere que a grande maioria das pessoas tem potencial criativo, basta despertá-lo. Cabe notar que o potencial criativo dos indivíduos está intensamente ligado à motivação, ao anseio de concretizar e realizar-se em alguma coisa e à importância e ao resultado de ideias inventivas e sólidas.

Acredito que o mediador de aprendizagens precisa ser criativo, especialmente por motivos pertinentes aos aprendizes, impulsionando-os para o aumento do interesse pelo aprendizado, estimulando esse mesmo aprendizado, facilitando sua aprendizagem, bem como acolhendo e atendendo as necessidades educativas deles. O educador (i. é, o mediador) tem função fundamental nesse processo (Alencar, 1998).

A inovação tem etapas que envolvem a criação de ideias. Isso acontece a partir de descobertas, dos conhecimentos prévios e da criatividade espontânea estimulada pela comunicação interna e pelo interesse das outras pessoas em inovar (Chiavenato, 2008). Para Alencar (1998), o desenvolvimento dessa criatividade na educação passa obrigatoriamente pelo nível da criatividade dos profissionais que nela atuam.

Portanto, para beneficiar o desenvolvimento da criatividade dos aprendizes, é importante contar com educadores motivados a utilizar práticas pedagógicas criativas. Esses educadores, dessa forma, conseguirão com facilidade estimular e desenvolver o potencial criador de seus aprendizes.

Faria e Alencar (1996) enfatizam que para a criatividade ser desenvolvida são necessárias condições adequadas em todos os âmbitos, do mesmo modo como acontece na família, na escola ou nas organizações. Em estudos efetivados por esses autores foi verificado que o ambiente – como o espaço físico, considerando iluminação, mobiliário, acústica e temperatura adequada – influencia na criatividade.

Para Lubart (2007), quanto à influência do ambiente sobre a criatividade, destaca-se a importância da família, da escola e do trabalho, e ele afirma terem esses ambientes um papel-chave na expressão criativa dos indivíduos. De acordo com esse autor, após entrar na escola o aprendiz pode ter sua criatividade afetada ao se defrontar com uma realidade estruturada por muitas regras, responsáveis por assegurar a aprendizagem. Sendo assim, à medida que avança em sua escolaridade, ele evita situações difíceis, causadoras de possíveis insucessos.

Onrubia (1996) ressalta que a efetiva participação dos aprendizes na sala de aula depende de diferentes fatores, tais como: o tipo de conteúdo, a natureza da atividade e seu nível de complexidade, a possibilidade de optar por uma atividade ou fazer escolhas durante sua realização, os materiais de recurso ou apoio, as regras de funcionamento das aulas e os aspectos ligados à atuação do professor no desenvolvimento delas. O autor mostra que a criatividade necessita estar não especificamente na sala de aula, mas sim em diversos espaços de aprendizagem.

Concordo com as palavras de Zabala (1998): "Com relação à maneira de atuar do professor, é ele quem operacionaliza a influência educativa, ou seja, por meio de suas diversas ações educativas, os professores estruturam as intenções educacionais".

Para o mediador de aprendizagens ter poder criativo e promover a aprendizagem, são essenciais:

- a curiosidade: cultivar o hábito de ler, estabelecer redes de contato, utilizar tecnologias disponíveis para pesquisa e ter interesse por novidades.
- a ousadia: inovar, fazer acontecer, não ter medo de errar e aprender com os erros.
- o inconformismo: estar sempre em constante busca e acreditar que algo pode acontecer, que nada é decisivo.
- a persistência: ter capacidade de superar fracassos e começar de novo.
- a imaginação: formar imagens mentais, sonhar com o futuro e perseguir ideias, transformando-as em metas.
- a ludicidade: cultivar o bom humor, brincar e divertir-se por meio da imaginação e da fantasia.

Concluo que ser criativo é:
- construir algo que nunca existiu;
- ter atitudes positivas, porém inesperadas;
- ver o que outras pessoas não conseguem ver;
- sair do foco, para não ficar preso somente numa ideia;
- descobrir novas inspirações;
- desafiar-se sempre.

Atualmente, a criatividade e a inovação fazem a diferença para a promoção da aprendizagem!

4
A importância de utilizar aprendizagens criativas em espaços de aprendizagem

Para Chateau (1987), não é possível imaginar a infância sem risos e brincadeiras, pelo fato de ele acreditar que é pelo jogo e pelo brinquedo que crescem a alma e a inteligência. Na mesma direção, ao estudar a relação da ludicidade com a aprendizagem, Brougère (1998) salientou que a primeira relação com a aprendizagem acontece quando a criança brinca. É nessa fase que ela desenvolve as representações simbólicas, de modo que a fantasia submerge sua vida e tudo pode ter outro significado.

Percebe-se, então, que as aprendizagens criativas têm o intuito de educar, ensinar sem cobrança e, ao mesmo tempo, ampliar e estimular a troca de conhecimento com outros sujeitos aprendizes e com o seu próprio ambiente. Nessa totalidade de ensinar, cito múltiplas possibilidades de ações pedagógicas que são aprendizagens criativas e que podem ser oferecidas pelos mediadores de aprendizagens aos aprendizes:

• cantar, dançar, dramatizar personagens, expressar sentimentos e dúvidas e/ou criar associações de ideias e palavras por meio de brinquedos, brincadeiras e jogos;

• contar, ouvir e criar novas histórias ou modificar outras conhecidas, ler poesias, parlendas e diferentes textos e ater-se aos fatos da vida ou da imaginação;

• apreciar diferentes ilustrações quanto a cores, formas e figura-fundo, modelar, recortar, pintar, colar e fazer relações com o mundo social (família, vizinhos, amigos) e o mundo físico (animais, vegetais, chuva, vento etc.);

• participar de atividades em grupo (esportes, escotismo, excursões e passeios).

O ensino e a aprendizagem serão muito mais prazerosos e significativos para o sujeito aprendiz quando o mediador de aprendizagens utilizar aprendizagens criativas, pois elas desenvolvem várias habilidades, como atenção, memorização, imaginação; enfim, todos os aspectos básicos para o processo de aprendizagem do aprendiz, que está em constante formação e transformação.

O sujeito aprendiz ficará envolvido nas atividades, permitindo-se, dessa forma, o seu desenvolvimento cognitivo, porque todas as atividades em que os aprendizes necessitam de atenção e concentração ao participarem de brincadeiras ou jogos os auxiliam no amadurecimento cognitivo, e consequentemente as aprendizagens criativas podem servir de estímulo para o desenvolvimento dele.

Maria Montessori (1948), ao avaliar a infância, instituiu uma prática educativa fundamentada em materiais lúdicos, na qual se utilizavam jogos e brincadeiras peculiares a cada fase de desenvolvimento da criança. A autora enfatiza o respeito à individualidade: isso é essencial, visto que cada aprendiz tem interesses e ritmos próprios, sendo essa condição necessária para uma aprendizagem efetiva. Montessori (Congresso Brasileiro de Educação Montessoriana, 1976) estabeleceu aquilo que atualmente são considerados princípios fundamentais:

- Individualidade: baseado nesse princípio, cada criança tem o seu próprio ritmo de trabalho e tem de ser respeitada para que haja atendimento às diferenças de cada um. Nesse processo, a maturação e a experiência apresentam-se como fatores básicos que se inter-relacionam;
- Liberdade: valoriza-se a educação pela liberdade, mas com responsabilidade;
- Autonomia: a criança conquista a sua autonomia pelo esforço constante e pelo trabalho que realiza por meio da atividade contínua;
- Respeito: todas as vezes que o educador interferir sem necessidade na atividade da criança, ele estará faltando com o respeito a ela e ao seu trabalho de autodesenvolvimento e autoeducação.

Montessori (1948, p. 11) enfatiza: "o material é um professor que não castiga, não briga, não dá prêmios", mas que faz a criança lutar e desafiar com ele.

Nesse pensar, torna-se admissível afirmar que as aprendizagens criativas têm como intuito promover uma educação diferenciada, uma educação capaz de encarar a ludicidade como um fator motivador e facilitador da aprendizagem cognitiva, afetiva e psicomotora dos aprendizes, tornando-os seres pensantes, dotados de emoções e sentimentos e em interação com o social todo o tempo.

As aprendizagens criativas, quando usadas nos espaços de aprendizagem de forma organizada, serão instrumentos metodológicos que irão possibilitar um maior estímulo às múltiplas habilidades dos sujeitos aprendizes, principalmente daqueles com dificuldades de aprendizagem, pois elas criam condições para que o aprendiz explore e interaja com seus colegas e resolva situações-problema. Ainda, o mediador, ao introduzir as aprendizagens criativas no ensino, terá a oportunidade de perceber traços de personalidade do aprendiz, seu comportamento individual e em grupo e o ritmo de seu desenvolvimento.

Além de enriquecer a dinâmica das relações na sala de aula e em outros espaços, as aprendizagens criativas possibilitam um fortalecimento da relação entre o ser que ensina e o ser que aprende. Assim sendo, a participação do aprendiz na vivência de situações concretas favorece a construção de um ambiente favorável para reflexão e construção de conhecimentos, pois essa construção se faz não apenas copiando do quadro ou prestando atenção no mediador de aprendizagens, mas também em ações do brincar.

Santos (1997) enfatiza que educar é ir além da transmissão de informações ou de colocar à disposição do educando apenas um caminho, limitando a escolha ao seu próprio conhecimento. Educar também é ajudar a pessoa a tomar consciência de si mesma, dos outros e da sociedade, oferecendo ferramentas para que o indivíduo possa escolher, entre os muitos caminhos, aquele que for compatível com seus valores, sua visão de mundo e as circunstâncias adversas que cada um irá encontrar.

Ao construir seu conhecimento, a cada situação o sujeito aprendiz atribui-lhe certo significado e adota formas culturais de ação que transformam sua maneira de expressar-se, pensar, agir e sentir; isto é, seu desempenho, por meio do corpo, com suas representações.

O imaginário do ato de brincar faz com que mediadores de aprendizagens enfatizem métodos que propiciem o ensinar brincando para serem desenvolvidos em vários níveis de ensino. Por exemplo, a fantasia do brincar caracteriza a didática a ser aplicada para a faixa etária da Educação Infantil, o que determina organizar o ambiente para focar o momento lúdico.

Como especialista em ludicidade, percebi que muitos mediadores de aprendizagens que atuam nos anos iniciais (creche, jardins I e II e mesmo nos primeiros anos do Ensino Fundamental I) já observaram as maneiras como os sujeitos aprendizes conversam com brinquedos e objetos, como se eles tivessem vida. Os aprendizes conseguem transformar mesas em casinhas e folhas em comidinhas para servir os amiguinhos, assumem a identidade de personagens, passam-se como médicos tratando de doentes, ensinam seus coleguinhas como se fossem mediadores de aprendizagens ou como se fossem pais cuidando dos filhos, entre outras ações. Entendemos a partir dessas atividades que o ato de brincar é tão natural para os aprendizes quanto comer, dormir etc.

Na Educação Infantil e no Ensino Fundamental I, as aprendizagens criativas contribuem de forma espetacular para a construção da autoimagem positiva. Ao brincar, por exemplo, de casinha, o aprendiz precisa saber como é uma casa e quem são os personagens que a envolvem. Com isso, interioriza modelos, desempenha certa função social, exerce determinadas condutas, estabelece vínculos, exercita a sua autonomia, experimenta emoções, cria e recria, bem como assume papéis: seu corpo expressa a realidade externa, assumindo gestos e palavras da pessoa que representa.

As aprendizagens criativas não devem ser utilizadas em espaços de aprendizagem meramente como um passatempo, uma vez que não representam apenas divertimento, recreação, ocupação do tempo livre e afastamento da realidade. Elas estimulam a reflexão, a criatividade, o raciocínio, a cooperação, a reciprocidade, o pensamento e o comportamento, desafiando o sujeito aprendiz a organizar melhor suas emoções, seus sentimentos e as experiências vivenciadas.

Os mediadores de aprendizagens, na medida em que consideram o aprendiz um sujeito do processo de construção de conceitos, habilidades e valores, irão fazer das aprendizagens criativas ferramentas indispensáveis no processo de ensino e aprendizagem.

5
Como introduzir as aprendizagens criativas em espaços de aprendizagem

Os espaços de aprendizagem pecam ao dividirem o ensino em dois lados:

1) o lado do brincar, do sonhar, do sorrir e do prazer em divertir-se;

2) o lado da formalidade, da instrução, das tarefas e dos estudos.

Nesse enfoque, é papel dos espaços de aprendizagem e dos mediadores de aprendizagens tanto discutir e analisar as práticas de ensino quanto refletir sobre elas, permitindo a percepção do conhecimento como algo que é construído por meio de trocas de experiências, na vivência entre os sujeitos aprendizes em experimentos diferentes, aceitando-se riscos, contradições e desafios.

Introduzir aprendizagens criativas nos espaços de aprendizagem é um modo de compreender o funcionamento dos processos cognitivos e a maneira como o sujeito aprendiz aprende, possibilitando-lhe expressar-se livremente, com tranquilidade, de forma prazerosa e agradável. Tais aprendizagens podem ser utilizadas em todos os níveis de ensino, com o propósito de promover o entendimento de conteúdos e preparar o aprendiz para aprofundar itens já trabalhados. Deve-se utilizá-las não como instrumentos recreativos na aprendizagem, mas como facilitadores, que colaboram para superar as lacunas que os aprendizes apresentam em relação aos conteúdos que estão sendo trabalhados, ou mesmo para auxiliá-los a diminuir outros bloqueios que tiverem.

Pode-se afirmar que as aprendizagens criativas, além de propiciarem a motivação dos aprendizes para aprendizagem dos conteúdos, auxiliam na convivência deles com os colegas, uma vez que aprendem a respeitar os outros. A intenção ao introduzir aprendizagens criativas é estimular a atenção do aprendiz e envolvê-lo de forma ativa na construção de conhecimentos, fazendo com que ele participe de jogos e brincadeiras e, até mesmo, aprenda a manusear e explorar brinquedos. Assim, estamos ajudando-os a enfrentar seus medos e a resolver conflitos e ansiedades, bem como estimulando o desenvolvimento da criatividade e da competência intelectual deles. Aprendizagens criativas dão força e estabilidade emocional, proporcionando momentos de alegria, prazer e aprendizado.

Muitos mediadores de aprendizagens reconhecem que uma de suas principais atribuições é resgatar no sujeito aprendiz o desejo e o prazer de aprender, entendendo que os espaços de aprendizagem devem ser lugares de alegria e que o aprendiz deve gostar de frequentá-los. Compreendendo seus aprendizes e conhecendo o estágio da aprendizagem em que se encontram, os mediadores podem elaborar melhores estratégias de práticas educativas e obviamente fazer uso de diversas aprendizagens criativas para uma participação efetiva do aprendiz. O mediador, assim, assume uma postura consciente de seu papel na mudança e na transformação, sobretudo tornando-se investigador de suas próprias práticas e adotando novas aprendizagens criativas.

A prática pedagógica pode contemplar aprendizagens criativas diferenciadas que, muitas vezes, transcendem os limites de um espaço de aprendizagem. Ensinar e aprender envolve papéis que podem ser influenciados em sua dinâmica relacional por diversos fatores que permitem contribuir, ou não, para a criação de oportunidades de aprendizagem. Cabe ao mediador de aprendizagens definir quais metas e quais aprendizagens criativas poderão ser conjuntamente elaboradas com os aprendizes visando à eficácia do ensino e do aprendizado.

As aprendizagens criativas necessitam ser inseridas em espaços de aprendizagem organizados. Devem ser integradas nos diversos conteúdos pedagógicos que implicam a articulação com o brincar, oferecendo possibilidades de associação entre vários aspectos de um conteúdo de várias disciplinas. Dessa maneira, facilitam a associação dos vários saberes, que é de fundamental importância para a fixação de aprendizagens significativas, principalmente para auxiliar o aprendiz a superar dificuldades de aprendizagem.

O planejamento de ensino proporciona ao mediador de aprendizagens elencar previamente procedimentos e caminhos que servirão de guia norteador da sua prática educativa, da organização do ambiente de aprendizagem como um todo e da funcionalidade de todos esses itens interligados, que prosseguirão juntos no decorrer do ano, baseados no planejamento da disciplina e da aula. Da mesma maneira, determinados fatores poderão ou não interferir no trabalho do mediador de aprendizagens e devem ser levados em consideração na hora da construção do planejamento.

Nessas circunstâncias, as aprendizagens criativas possibilitam ao aprendiz entender determinadas situações de um modo mais compreensivo. Elas constituem um recurso valioso para o mediador de aprendizagens desenvolver conteúdos ou conceitos que não só contribuem para o desenvolvimento cognitivo do aprendiz, como também envolvem outras áreas: social, afetiva e cultural. Além de auxiliarem o mediador de aprendizagens na sua prática de ensinar, promovem a identificação de necessidades específicas, para posteriormente serem realizadas as orientações pedagógicas necessárias.

As aprendizagens criativas devem ser organizadas nos espaços de aprendizagem de forma que:

1) apontem objetivos claros para o mediador de aprendizagens e o aprendiz;

2) abarquem atividades significativas;

3) suscitem a participação ativa do aprendiz;

4) considerem as necessidades específicas de desenvolvimento do aprendiz;

5) atendam aos interesses do mediador de aprendizagens e do aprendiz;

6) ampliem o conhecimento do aprendiz.

As informações sobre o sujeito aprendiz precisam ser socializadas com os demais mediadores de aprendizagens, de modo que eles compreendam o que ocorre com o sujeito aprendiz e o que pode ou não estar influenciando seu aprendizado. Isso deve ser feito não com objetivo de rotular, mas com a intenção de que encontrem aprendizagens criativas para uma ação pedagógica mais solidária e eficaz.

É preciso que mediadores de aprendizagens desenvolvam trabalhos diversificados, dinâmicos, atrativos, contextualizados e significativos, a fim de que, de fato, ocorra uma aprendizagem verdadeira, em que haja interesse em novas descobertas e busca pelo desconhecido. Isso só será realmente possível se o sujeito aprendiz perceber essa intenção por parte do mediador de aprendizagens, que é a peça fundamental nesse processo. Outra responsabilidade do mediador é fazer com que o sujeito aprendiz tenha vontade de estar num ambiente de aprendizado acolhedor, no qual encontre respostas para muitas perguntas e que, de maneira prazerosa, possa aprender sempre, com muita alegria e diversão.

Todo mediador de aprendizagens precisa ser cativante, inspirador, incentivador e capaz de consolidar, afirmar e reafirmar conceitos, fazendo com que o sujeito aprendiz repense sua aprendizagem. Com um pouco de criatividade e dedicação, o mediador pode transformar as aulas ou sessões pedagógicas em momentos agradáveis e produtivos para todos os sujeitos aprendizes, sem deixar de trabalhar os conhecimentos necessários.

Por meio das aprendizagens criativas o sujeito aprendiz irá explorar muito mais sua criatividade e melhorar sua conduta no processo de ensino e aprendizagem e sua autoestima. Porém, o mediador de aprendizagens deve ter cuidado, porque mais importante do que o tipo de aprendizagem criativa a ser introduzida é a forma de como ela vai ser orientada pelo mediador e vivenciada pelos sujeitos aprendizes.

O mediador de aprendizagens deve ter consciência de que, quando o sujeito aprendiz se entrega a uma brincadeira, não há como ele não aprender algo e não desenvolver alguma habilidade ou algum conhecimento. No planejamento do mediador em que constarem aprendizagens criativas, com vivências que ampliam as possibilidades de melhor aprendizagem, com certeza o sujeito aprendiz terá mais liberdade de pensar e criar para desenvolver-se plenamente e, como consequência, aprenderá divertindo-se.

Considerando a necessidade de melhoria do processo de ensino e aprendizagem, tendo em vista as constantes transformações que se operam em nossa sociedade como um todo, faz-se necessário que sejam dadas, principalmente aos mediadores de aprendizagens, oportunidades de formação permanente, que assegurem práticas coerentes com os princípios que visam à transformação do sistema educativo e aos desafios que dela decorrem.

Sabemos que as aprendizagens criativas não abarcam toda a complexidade que envolve o processo educativo, mas podem, e muito, auxiliar na busca de melhores resultados por parte de mediadores de aprendizagens interessados em promoverem mudanças. Elas servem como intercessoras de progressos e contribuem para tornar a sala de aula e outros espaços de aprendizagem ambientes alegres, divertidos e favoráveis ao aprendizado.

6
Soluções para as "não aprendizagens" no processo de ensino, por meio de aprendizagens criativas

O aprender é um processo de construção que se dá na interação permanente do sujeito com o meio que o cerca. Todo sujeito aprendiz tem um modo próprio de ser, de entender e de agir em seu existir, e ele se instrui por meio de suas vivências e interações com o mundo ao seu redor. Os conhecimentos dele são cada vez mais ampliados na medida em que seus conceitos anteriores ou posteriores são reformulados e decodificados na realidade, atribuindo significados a ela. Segundo Coelho (2002, p. 11), "a aprendizagem é o resultado da estimulação do ambiente sobre o indivíduo já maduro, diante de uma situação-problema sob a forma de uma mudança de comportamento em função da experiência".

A origem das "não aprendizagens" pode estar relacionada a pouco interesse por parte dos sujeitos aprendizes, baixa autoestima e falta de pré-requisitos necessários à aprendizagem, o que ocasiona a apatia ao estudo. Inclui-se também fatores como propostas curriculares desajustadas à atualidade, metodologias desinteressantes, desorganização do espaço de aprendizagem e/ou postura inadequada de mediadores de aprendizagens com relação aos sujeitos aprendizes, entre outros aspectos.

Por um lado, é possível notarmos, por meio das ações de observação, que o olhar do sujeito aprendiz identifica quais mediadores de aprendizagens não proporcionam práticas pedagógicas a partir das quais os sujeitos aprendizes possam participar de forma criativa, sendo desafiados à descoberta e ao desejo de querer aprender e de valorizar o que aprendem continuamente. Por outro lado, também somos cientes de que muitos sujeitos aprendizes vão para a escola por obrigação, sem, contudo, participarem das atividades que lhes são propostas. Além disso, ficam indiferentes diante de qualquer iniciativa dos mediadores de aprendizagens, que, muitas vezes, confessam estar frustrados pelas atitudes dos sujeitos aprendizes.

Quando o sujeito aprendiz ingressa em um espaço de aprendizagem, faz descobertas e vivencia situações novas. Nesse processo de acepção do aprender, muitos aspectos podem interferir, tais como:

- traços de personalidade;
- traços do caráter;
- aspectos emocionais;
- maturação biológica;
- transtornos (comunicação, habilidades motoras, déficit de atenção, entre outros).

Acredito que o "não aprender" pode ser resultante de problemas educacionais e ambientais que geralmente não estão atrelados às capacidades cognitivas do sujeito aprendiz. O fracasso escolar é um dos problemas educacionais mais agravantes para esse sujeito, pois pode levá-lo à perda da autoestima, trazendo consequências para o aprendizado, as quais podemos chamar de "barreiras de aprendizagem".

As barreiras de aprendizagem são obstáculos que se atribuem ao sujeito aprendiz, criando dificuldades no aprender. Inúmeros fatores geram tais dificuldades, e alguns são inerentes ao sujeito aprendiz, enquanto outros são externos a eles. Os sinais de barreiras costumam surgir na época da alfabetização, e, à medida que o tempo vai passando, elas se evidenciam mais. O sujeito aprendiz passa a ter dificuldade para ler, escrever e processar o raciocínio matemático. Ele também não consegue copiar do quadro, comete erros ortográficos, tem uma letra considerada feia e, muitas vezes, é tachado de preguiçoso e irresponsável.

O que se constata é que barreiras de aprendizagem podem ser temporárias ou permanentes em várias circunstâncias da vida e fazem parte do dia a dia de sujeitos aprendizes. Por isso, não podemos classificá-los como sujeitos-problema. Primeiramente, devemos avaliar:

- as desconexões entre o teor educacional e a vivência;
- o despreparo de mediadores de aprendizagens;
- as vastas diferenças individuais do sujeito;
- o aprendiz no que tange a seu ritmo e suas peculiaridades;
- o alargamento do aprendiz em termos cognitivos, emocionais, linguísticos, psicomotores e sociais.

Esses aspectos também têm sido responsabilizados pelo insucesso do sujeito aprendiz para aprender. Não podemos ver somente as condições orgânicas e psicossociais dos aprendizes e assegurar que eles mesmos são os verdadeiros responsáveis pelo "não aprender".

Podemos dizer que os espaços de aprendizagem são grandes termômetros pelos quais se mede o grau de febre das mudanças educacionais, e é nesses espaços que as reformas realmente se concretizam, ou fracassam. Embora as resoluções objetivem melhorar o ensino em todas as etapas, verificamos quase sempre que ainda prevalecem formas de organização do trabalho que não se engajam no comando de uma sala de aula ou de espaços de aprendizagem de qualidade para todos os sujeitos aprendizes. Espaços de aprendizagem de qualidade são ambientes educativos que proporcionam aos sujeitos aprendizes atividades diversificadas, isto é, atividades que possam ser abordadas por diferentes níveis de compreensão e de desempenho dos sujeitos.

Dominar o ato de ensinar e de aprender é um desígnio que temos de concretizar com urgência nos espaços de aprendizagem. Nessa circunstância, podemos dizer que as "barreiras de aprendizagem" têm ligação direta com as barreiras atitudinais, pois incluem técnicas para a adequação das aulas ministradas pelo mediador de aprendizagens, bem como para a reorganização do trabalho educacional, de métodos e de teorias para atender às especificidades dos sujeitos aprendizes, principalmente daqueles que não conseguem acompanhar seus colegas de turma devido a vários tipos de barreiras para aprender: transtornos intelectuais, transtornos específicos das habilidades escolares ou outras barreiras de ordem relacional, motivacional ou cultural. Nesses casos, são imprescindíveis as adaptações de currículo e a facilitação das atividades escolares, além de aprendizagens criativas, para reforçar o aprendizado em geral.

Todas essas possibilidades proporcionam um ensino para todos os aprendizes sem discriminações e sem adaptações predefinidas de métodos e práticas especializados de ensino, que podem advir de uma reestruturação do projeto pedagógico-escolar como um todo e das reformulações que esse novo plano estabelece para a prática de ensino, para que este se ajuste a novos parâmetros de ações educativas.

Ainscow, Porter e Wang (1997) ressaltam que, para uma educação que compreenda as dificuldades de cada sujeito aprendiz, faz-se necessária a utilização do melhor recurso: o aluno. Nesse sentido, ao pensarmos em remover as barreiras de aprendizagem visando a um aprender expressivo com significados, não excluímos todos os itens já mencionados, mas devemos dar total importância ao próprio sujeito aprendiz.

Necessitamos pensar que todo sujeito aprendiz, enquanto indivíduo que vivencia o processo de ensino e aprendizagem diferentemente, seja por diversidades individuais, seja por interesses e motivações distintos, pode aprender. Para que isso aconteça é indispensável que pais, mediadores de aprendizagens e outros profissionais valorizem as potencialidades reconhecidas no sujeito aprendiz, dando-lhe condições para lidar com o não aprender, pois isso poderá acontecer naturalmente em qualquer situação ao longo da vida.

É possível percebermos que sujeitos aprendizes que aparentam não aprender durante sua vida escolar, na verdade, podem ter abrigado muitas barreiras específicas que os impedem de aprender da mesma forma que seus colegas. Seria conveniente que instituições de ensino e outros espaços de aprendizagem determinassem, como alvo prioritário em sua proposta pedagógica, um modo de avaliar as barreiras de aprendizagem provenientes do processo de aprendizagem, assim como elaborassem um plano de ação para alcançar esse intento.

Nesse plano de ação, mediadores de aprendizagens devem aprofundar seus estudos sobre as barreiras de aprendizagem que impedem o sujeito aprendiz de aprender, buscando compreender a função das aprendizagens criativas como recurso pedagógico, considerando as especificidades da faixa etária de cada um dos sujeitos aprendizes e reconhecendo-os como sujeitos de direitos e deveres.

É função das salas de aula e dos espaços de aprendizagem:

- acolher o sujeito aprendiz;
- respeitar suas singularidades;
- abrir espaço para que o sujeito aprendiz possa se revelar criador, construtor de si próprio e do seu conhecimento;
- proporcionar ao sujeito aprendiz diferentes formas de contato com o mundo interno e externo para integrar o seu sentir, o seu pensar e o seu agir;
- fazer com que o sujeito aprendiz possa transformar as informações que recebe em conhecimentos significativos, ou seja, após entender as informações, deixar os esquemas de interpretações expostos a reformulações em um movimento construtivo de atribuir significados à realidade.

Para que esses objetivos sejam concretizados podemos definir metas a serem desenvolvidas no sujeito aprendiz, tais como:

- a construção da autonomia;
- o enfrentamento das adversidades;
- a solução de problemas;
- a responsabilidade;
- a criatividade;
- a formação do autoconceito imutável;
- a comunicação em todas as formas de expressão.

Os mediadores de aprendizagens devem propiciar ao sujeito aprendiz um ambiente afetivo, seguro e adequado, pois, ao participar de ações educativas, o sujeito aprendiz lidará com os próprios pensamentos e decifrará enigmas que o rodeiam. Por isso, não basta apenas elaborar aprendizagens que possibilitem ao sujeito aprendiz oportunidades para inventar, experimentar e vivenciar novos conhecimentos, mas é preciso também que todas as ações sejam desafiantes e tenham como ponto de partida o conhecimento real sobre o sujeito aprendiz – os conhecimentos que ele tem, suas experiências, seus interesses, seus hábitos e seus valores.

Compreendendo a realidade habitual de cada sujeito aprendiz, é essencial que mediadores de aprendizagens organizem um planejamento apropriado, que promova ações significativas ao sujeito aprendiz por meio de aprendizagens criativas em que o lúdico esteja presente. A razão é que, ao participar de ações educativas que envolvam diversas aprendizagens, o sujeito aprendiz pode experimentar, interpretar, constituir e compreender o mundo de modo ativo e conveniente, de maneira que seus atos, costumes e sentimentos serão trabalhados, estabelecendo-se um equilíbrio pessoal interno e externo. Além do mais, isso irá despertar prazer e imaginação, desenvolvendo sua criatividade e contribuindo para sua aprendizagem.

É possível afirmar que, embora aprendizagens criativas sejam reconhecidas como instrumentos importantes para o processo de ensino e aprendizagem, infelizmente são pouco vistas e não tão inseridas em diversos espaços educacionais. Tais aprendizagens possibilitam melhorar a organização do aprendizado do sujeito aprendiz, bem como aprimorar a comunicação consigo mesmo e com o mundo. Além de oferecer oportunidades de construção do seu conhecimento e desenvolvimento integral, auxiliam-no na superação das barreiras de aprendizagem como elemento fundamental no seu desempenho educacional.

7
Trinta sugestões de aprendizagens criativas em espaços de aprendizagem

1) Quantos dedos?

Intenção educativa: Desenvolver a atenção, o raciocínio, a noção de quantidade, a rapidez de reação e a percepção.

Material: Os dedos das mãos.

Desenvolvimento: Os aprendizes devem ser dispostos em dupla. Eles deverão ficar um de frente para o outro e esconderem as mãos atrás das costas. Ambos pensam qual a quantidade de dedos que o oponente vai mostrar. Depois, um de cada vez tentará adivinhar e falará a quantidade total de dedos que estarão na hora que cada aprendiz apresentar as mãos. A seguir, fazem a somatória dos dedos expostos e verificam quem acertou por ter dito exatamente o número de dedos apresentados.

2) Procurando números

Intenção educativa: Desenvolver o raciocínio, a agilidade, a percepção visual e o espírito de equipe e promover contato com os números de 1 a 50.

Material: Cartões numerados de 1 a 50.

Desenvolvimento: Os aprendizes serão divididos em equipes. Ao sinal do mediador de conhecimentos, eles irão procurar os cartões antecipadamente escondidos. Vencerá a brincadeira o grupo que somar mais pontos com os cartões encontrados.

3) Você conhece o... (citar nomes, por ex.: José, Marina e Antônio)

Intenção educativa: Estimular o corpo (membros superiores e inferiores) nos seus movimentos globais e precisos, atingindo o gesto harmônico, bem como desenvolver relações humanas, noções de lateralidade e percepção auditiva.

Material: Nenhum.

Desenvolvimento: Os aprendizes poderão estar à vontade, andando livremente de um lado para o outro, fazendo movimentos com o corpo, utilizando os membros superiores e inferiores. Só irão parar de andar e fazer os movimentos quando o mediador de conhecimentos perguntar para os aprendizes:

– Vocês conhecem o José?

Os aprendizes respondem:

– Que José?

O mediador de conhecimentos responde:

– Aquele que coçava a orelha esquerda com a mão direita. (Todos juntos: o mediador e os aprendizes coçam a orelha esquerda com a mão direita.)

O mediador de conhecimentos pergunta:

– Vocês conhecem a Marina?

Todos os aprendizes respondem:

– Que Marina?

O mediador de conhecimentos responde:

– Aquela que balançava a cabeça para o lado direito e para o lado esquerdo. (Todos juntos: o mediador e os aprendizes balançam a cabeça para o lado direito e para o lado esquerdo.)

A brincadeira continua, com gestos que possam estimular e movimentar outas partes do corpo (membros superiores e inferiores).

4) Poesias com rimas

Intenção educativa: Desenvolver a criatividade, a expressão escrita e o gosto por poesias.

Material: Caderno ou cartazes, lápis ou caneta.

Desenvolvimento: Será pedido ao sujeito aprendiz que crie poesias com rimas. Exemplo:

> *Eu vi um jacaré,*
> *E com muito medo fiquei*
> *Passei perto dele e nem sequer*
> *chorei.*

5) Dominó de números

Intenção educativa: Memorizar os números, aperfeiçoar a noção de espaços e formas e desenvolver a destreza, a atenção e o raciocínio lógico.

Material: Dominós de números feitos com papel-cartão, cartas de baralho ou outro material.

Desenvolvimento: O aprendiz deverá montar o dominó, o que lhe possibilitará socializar com o mediador de aprendizagens e discutir a organização adequada das peças. Outra sugestão é utilizar a junção dos números e acrescentar os sinais (mais, menos, multiplicação e divisão), realizar contas e, posteriormente, dar o resultado.

6) Imaginação

Intenção educativa: Fazer o aprendiz mostrar a sua imaginação e o seu poder criativo, além de desenvolver a expressão escrita.

Material: Papel, caneta ou lápis, quando a atividade for realizada por meio da expressão escrita. Pode ser realizada oralmente.

Desenvolvimento: O aprendiz irá imaginar que hoje ele poderá fazer qualquer coisa que ele queira no mundo. Então ele escreverá ou falará o que ele faria.

7) Encontre as letras do alfabeto

Intenção educativa: Desenvolver a observação, bem como reconhecer e aprender as letras do alfabeto, que estarão escondidas em todo o ambiente.

Material: Alfabeto móvel.

Desenvolvimento: O aprendiz deverá encontrar as letras do alfabeto móvel, que estarão escondidas no ambiente onde ele estiver. Após encontrar cada uma, deverá falar o nome da letra e dizer uma palavra que comece com ela. (Se souber escrever, poderá escrever a palavra que disse.)

8) Frases para completar

Intenção educativa: Perceber os gostos, os medos, o desconforto diante de situações, as vontades e o que é importante.

Material: Papel, caneta ou lápis.

Desenvolvimento: A atividade é feita com o sujeito aprendiz por meio de expressão escrita ou oral. As frases a serem completadas são:

- Eu sinto medo quando...
- Eu me sinto feliz quando...
- Eu tenho vontade de cantar quando...
- O meu melhor amigo é...
- O que eu gosto em mim é...
- O que eu não gosto em mim é...
- As três coisas importantes que aconteceram em minha vida foram...
- A melhor coisa que eu sei fazer é...
- O que eu faço muito mal é...
- Três desejos que eu gostaria que acontecessem são...
- A coisa mais gozada que me aconteceu foi...

9) Participe da história

Intenção educativa: Desenvolver a oralidade, o vocabulário, as habilidades motoras e a imaginação, bem como aprimorar gestos e ritmos corporais.

Material: Nenhum.

Desenvolvimento: O mediador de conhecimentos pede ao aprendiz que conte uma história de forma que o ouvinte possa participar integralmente, externando sua ação, seu pensamento e seu sentimento por meio de movimentos. Isso estimula a descoberta dos limites do corpo e sensibiliza para o convívio com os colegas.

10) Reconhecimento do espaço de aprendizagem

Intenção educativa: Estimular a memorização, a noção de espaço, o potencial criativo, noções estéticas e a expressão de sentimentos.

Material: Papel, caneta ou lápis.

Desenvolvimento: Cada aprendiz deverá desenhar o espaço de aprendizagem como ele é e, depois, como gostaria que ele fosse. Poderá indicar pontos positivos e pontos negativos que existem na sala de aula.

11) Vamos passar no sinaleiro

Intenção educativa: Conhecer o sinaleiro, compreender o significado das cores dele e saber identificar a hora de ficar atento, parar ou passar.

Material: Papéis verde, amarelo e vermelho.

Desenvolvimento: Todos os aprendizes irão andar à vontade. O mediador caminhará na frente e, aleatoriamente, mostrará um papel com uma das cores (verde, amarelo ou vermelho). Todos os aprendizes devem ficar atentos ao mediador quando ele mostrar o papel amarelo. Quando o mediador mostrar o papel vermelho, todos devem parar; e quando ele mostrar o papel verde, todos devem passar. Enquanto os aprendizes estiverem andando, podem ir falando:

– Vamos passar no sinaleiro (bis).
– Amarelo! Vamos ficar atentos!
– Vermelho! Vamos parar!
– Verde! Vamos passar!
– Vamos passar no sinaleiro (bis).

12) Vou perguntar

Intenção educativa: Desenvolver o ritmo, as analogias, as noções de tamanho, peso e quantidade e adquirir novos conhecimentos.

Material: Nenhum.

Desenvolvimento: Os aprendizes poderão ficar em suas carteiras, ou formarem um círculo, onde poderão ficar em pé ou sentados. O mediador de conhecimentos começa a brincadeira dizendo:

– Vou perguntar de uma forma divertida, responda à minha pergunta com as palmas bem batidas: o café é quente, e o gelo é…?

O mediador aponta para um aprendiz, que deverá completar a frase, e assim por diante.

13) Para fora e para dentro do círculo

Intenção educativa: Desenvolver a atenção, a concentração, a noção de lateralidade e o ritmo, além de estimular a percepção visual e auditiva, assim como a agilidade.

Material: Giz.

Desenvolvimento: Com giz, deverá ser traçado um círculo. Os aprendizes ficarão à vontade, dentro ou fora dele. O mediador irá dizer:

– Vamos ficar atentos! Quem está dentro, vá para fora! E quem está fora, vá para dentro!

Os aprendizes devem atender ao comando do mediador. A brincadeira prossegue até os aprendizes não terem mais interesse nela.

14) Informações básicas

Intenção educativa: Conhecer melhor o aprendiz.

Material: Caderno, caneta ou lápis, quando a atividade for realizada por meio da expressão escrita.

Desenvolvimento: A atividade será feita com o sujeito aprendiz, por meio de expressão escrita ou oral. Após o aprendiz ter respondido às perguntas, todas as respostas serão lidas e contextualizadas com o aprendiz. As perguntas são:

- A que ou a quem você atribui suas dificuldades de aprendizagem?
- Você gosta de estudar? Por que você estuda?
- O que parece importante para você? (Terminar logo as tarefas, prestar mais atenção nas explicações dos educadores, memorizar, tirar nota boa etc.)
- O que você sente quando não consegue acompanhar o ritmo dos colegas de sala?

- Você frequenta ou já frequentou escola de reforço ou sala de recurso multifuncional?
- Que atividades você fazia nas aulas de reforço?
- Por quanto tempo você frequentou as aulas de reforço? Ainda as frequenta?
- Em qual ou quais das disciplinas você tem dificuldades?

15) Pote de balas

Intenção educativa: Desenvolver a atenção, a oralidade, a concentração, a acuidade auditiva e a reação rápida.

Material: Nenhum.

Desenvolvimento: Todos os aprendizes deverão estar sentados. Cada aprendiz receberá um número. O mediador inicia a brincadeira dizendo:

– No meu pote de balas há sete balas.

O aprendiz número 7 deve dizer:

– No meu pote de balas há três balas.

E assim sucessivamente. O número de balas que contém o pote de balas de alguém será o número de um colega a ser chamado. Todos devem prestar bastante atenção para não deixar de responder e para não chamar os números que já foram chamados.

16) Coisas em comum

Intenção educativa: Desenvolver a expressão escrita, o vocabulário, a atenção e a interação e perceber o que as pessoas têm ou fazem em comum.

Material: Papel, caneta ou lápis.

Desenvolvimento: A atividade pode ser feita com qualquer número de aprendizes. O mediador irá escrever no quadro cinco perguntas, e todos deverão copiá-las. Em seguida, cada aprendiz deverá responder às perguntas, com tempo estipulado pelo mediador. Cada resposta correta vale dez pontos, se outro aprendiz não responder exatamente da mesma maneira. Havendo empate, cada um ganha cinco pontos. O aprendiz que atingir mais pontos é o vencedor. A brincadeira cessa quando os aprendizes não tiverem mais interesse em brincar. As perguntas são:

1) Qual é a sua comida predileta?
2) O que você faz nos fins de semana?
3) Qual é a sua cor preferida?
4) O que você gosta de fazer nas horas livres?
5) Qual é o seu sonho de consumo?

17) Quantas letras tem esta palavra? Quantas vogais e quantas consoantes?

Intenção educativa: Conhecer as letras do alfabeto, aprender a quantidade de vogais e consoantes e ampliar e desenvolver a atenção, a memória, a oralidade e a integração.

Material: Tira de papel com palavras.

Desenvolvimento: O mediador mostra uma tira de papel com uma palavra – por exemplo, "marmelada" – e pergunta a um aprendiz:

– Quantas letras esta palavra tem?
– Quantas vogais esta palavra tem?
– Quantas consoantes esta palavra tem?

E assim por diante.

18) Tudo com a mesma letra

Intenção educativa: Melhorar o raciocínio, estimular a criatividade e exercitar o nível de agilidade mental.

Material: Nenhum.

Desenvolvimento: Todos devem estar dispostos em círculo. O mediador pede a um aprendiz que fique de pé no centro. Todos podem fazer perguntas para o aprendiz que está dentro do círculo, desde que levantem o braço para perguntar. O aprendiz que está dentro do círculo terá de responder às perguntas com as palavras que comecem com a mesma letra do seu nome. Eis um exemplo com o nome "João":

- Seu nome?
- João.
- Profissão?
- Jogador.
- Onde mora?
- Joinville.
- O que adora comer?
- Jabuticaba.

Quando um aprendiz demorar a responder ou errar, ele escolherá outro para ficar em seu lugar. A brincadeira termina quando os aprendizes não tiverem mais interesse nela.

19) Que som é este?

Intenção educativa: Desenvolver a acuidade auditiva e a concentração e adquirir novos conhecimentos.

Material: Venda para os olhos, brinquedos, latas e instrumentos musicais.

Desenvolvimento: O mediador irá colocar uma venda nos olhos de um aprendiz e fará barulhos usando instrumentos musicais, latas e brinquedos, a fim de que o aprendiz identifique esses objetos.

20) Dramatizar os sentimentos com o corpo

Intenção educativa: Interpretar palavras escritas, bem como entender e expressar sentimentos positivos e negativos por meio da expressão escrita.

Material: Tiras de papel, caneta ou lápis.

Desenvolvimento: Escrever seis a 12 nomes de sentimentos positivos e negativos em pedaços de papel. Dobrar, cuidadosamente, os papéis para serem sorteados. Depois, cada aprendiz pega um papel, lê para si próprio e escreve o que aquele sentimento lhe representa. O aprendiz também deve dar um exemplo por escrito para cada sentimento. Depois, deverá ler o que escreveu. São sugestões de nomes de sentimentos a serem escritos em pedaços de papel: FELICIDADE, MEDO, AMOR, COMPREENSÃO, CIÚME, FRAQUEZA, FORÇA, ADMIRAÇÃO, SOLIDÃO, ALEGRIA, BONDADE, VERGONHA.

21) Relações

⚡ **Intenção educativa:** Fazer o aprendiz experimentar seus sentimentos e, ao mesmo tempo, desenvolver a consciência de si mesmo.

💡 **Material:** Papel, caneta ou lápis, quando a atividade for realizada por meio da expressão escrita.

💡 **Desenvolvimento:** O aprendiz terá que elaborar três frases para cada uma das alternativas abaixo:

1) Eu sou/eu estou......
2) Eu não sou...
3) Eu gostaria de ser...

22) Imprevistos

Intenção educativa: Estimular a elaboração de alternativas para problemas que surgirem.

Material: Caneta ou lápis.

Desenvolvimento: O aprendiz terá que analisar, refletir e achar soluções para as seguintes situações:

1) Uma pessoa está tomando banho e a água acaba. De quais maneiras essa pessoa poderá terminar de tomar banho?
2) Um morador de uma ilha ouve pelo rádio que uma onda muito forte irá cobrir a ilha no dia seguinte. O que ele poderá fazer?

Depois, o aprendiz poderá expor, por meio de expressão escrita ou oral, as soluções que encontrou.

23) Colagem coletiva

Intenção educativa: Avaliar características individuais (egoísmo, trabalho em conjunto, liderança etc.).

Material: Papéis de diversos tipos e tamanhos, cola, tesoura, fita adesiva, fios de barbante, tampinhas de garrafa, macarrão, tintas etc.

Desenvolvimento: Apresentam-se os materiais, que estarão dispostos em cima de uma mesa. O mediador explicará aos aprendizes que, em dupla ou em trio, eles deverão montar uma colagem de forma coletiva, enfatizando algo, com os materiais. Para finalizar, cada grupo deverá falar sobre algo que escolheram para expressar na colagem e quais as dificuldades que tiveram na realização da atividade.

24) Visões

Intenção educativa: Desenvolver a expressão escrita, a imaginação, a criatividade e a expressão de sentimentos.

Material: Lápis de cor, papel, revista, cola e tesoura.

Desenvolvimento: O aprendiz irá imaginar que um ser de outro planeta visitou a Terra. Ele deverá expressar, por meio de desenho ou colagem, como seria esse ser de outro planeta, de que forma ele chegou e o que ele veio fazer aqui.

25) Sua vida no passado

Intenção educativa: Fazer o aprendiz mostrar como sua memória de longo prazo funciona e como pode melhorá-la.

Material: Lápis ou caneta.

Desenvolvimento: O aprendiz terá de responder a diversas questões relacionadas a coisas do seu passado, de modo que sua memória seja estimulada. Seguem como exemplos:

1) Onde você estava no sábado passado?
R: _____
2) O que você comeu ontem à noite no jantar?
R: _____
3) Como é o nome da última escola em que você estudou?
R: _____
4) Que cor era o seu quarto anteriormente?
R: _____

26) Percepção de si e do outro

Intenção educativa: Estimular a atenção, a concentração, a reflexão, a memorização e a percepção de si e dos outros.

Material: Nenhum.

Desenvolvimento: Os aprendizes deverão ficar em dupla, de frente um para o outro, por um determinado tempo, observando tudo em seu colega. O tempo é estipulado pelo mediador. Ao sinal do mediador, os aprendizes deverão ficar de costas um para o outro e memorizar o que perceberam em seu colega (vestimentas, acessórios, cor dos olhos, cabelo etc.). Feito isso, cada um irá pegar um papel e uma caneta para anotar tudo o que observou. Por fim, todos os aprendizes devem socializar com os colegas as observações feitas.

27) Garrafa mágica

Intenção educativa: Desenvolver a oralidade, a imaginação, a iniciativa, a atenção, a percepção visual e auditiva, bem como trabalhar vários conhecimentos.

Material: Garrafa pet.

Desenvolvimento: Os aprendizes poderão ficar em pé ou sentados em círculo. O mediador inicia a brincadeira girando a garrafa no chão; quando esta parar, o bico dela apontará na direção de quem deverá fazer uma pergunta, e o fundo da garrafa indicará quem irá respondê-la. As perguntas poderão ser sobre assuntos diversos ou direcionadas ao trabalho educativo.

28) Se você fosse...

Intenção educativa: Fazer analogias com objetos, para clarificar sentimentos.

Material: Papel, lápis ou caneta.

Desenvolvimento: O profissional de aprendizagem irá fazer cinco perguntas, e os aprendizes deverão responder a elas por meio de expressão escrita:

1) Se você fosse um LEÃO, como você se sentiria?
2) Se você fosse uma CADEIRA, como você seria?
3) Se você fosse uma CALÇADA, como você se sentiria?
4) Se você fosse uma JARRA, como você seria?
5) Se você fosse um LENÇOL, como você se sentiria?

Após todos responderem, os aprendizes deverão ser chamados um a um pelo mediador para falar o que escreveram.

29) Apresentação do passatempo favorito

Intenção educativa: Estimular a comunicação dos interesses e o desenvolvimento da oralidade.

Material: Nenhum.

Desenvolvimento: Cada aprendiz deverá organizar uma palestra sobre o seu passatempo favorito. Posteriormente, cada um deverá apresentá-lo para os demais colegas.

30) Notícias criativas

Intenção educativa: Promover a dramatização criativa e estimular a participação e o convívio social, além do crescimento cultural e da linguagem oral e corporal.

Material: Notícias.

Desenvolvimento: O mediador deverá levar notícias diversificadas aos aprendizes, ou eles deverão levá-las para a sala de aula. Em dupla, os aprendizes irão escolher assuntos de seu interesse e serão os protagonistas da notícia. Eles vão ter que dramatizar a notícia escolhida, a fim de entenderem melhor o conteúdo. Posteriormente serão discutidas com toda a turma possíveis soluções para os problemas que fazem parte da notícia.

8
Considerações finais

As aprendizagens criativas trazem inúmeros benefícios para o sujeito aprendiz nos diversos espaços de aprendizagem, porque solicitam a inteligência, possibilitam uma maior e melhor compreensão do mundo, favorecem a simulação de situações, antecipam soluções de problemas, sensibilizam, aliviam tensões e estimulam o imaginário e, consequentemente, a criatividade. Permitem também o autoconhecimento, elevando a autoestima, propiciando o desenvolvimento físico-motor, sensibilizando, socializando e ensinando a respeitar as regras.

Enfim, as aprendizagens criativas divertem e trazem alegrias e significado ao ato de aprender. Podem ser utilizadas como forma de sondar, de introduzir os conteúdos fundamentados nos interesses daquilo que pode levar o sujeito aprendiz a sentir satisfação em descobrir um caminho interessante no aprendizado.

Inserindo aprendizagens criativas para ensinar em espaços de aprendizagem, o sujeito aprendiz terá a oportunidade de organizar seu mundo seguindo seus próprios passos e utilizando melhor seus recursos, pois tão significativo quanto seu crescimento pessoal é seu crescimento intelectual e social. Será por meio dessas aprendizagens que os mediadores elaborarão seu planejamento diário, com rica experiência, contribuindo para resultados dentro do que era imprescindível e possível.

O ensino com certeza será mais divertido! O aprendiz irá manter a atenção, e o mediador de aprendizagens mostrará a ele modos diferentes de pensar a realidade, redimensionando conceitos. Sendo assim, é inegável que, ao vivenciar aprendizagens criativas, em qualquer espaço de aprendizagem o sujeito aprendiz tornará seu aprendizado mais significativo na medida em que desafiará seus próprios limites, ações e pensamentos.

Referências

AINSCOW, M.; PORTER, G.; WANG, M. *Caminhos para as escolas inclusivas*. Lisboa: Instituto de Inovação Educacional, 1997.

ALENCAR, E. Promovendo um ambiente favorável à criatividade nas organizações. *Revista de Administração de Empresas*, São Paulo, v. 38, n. 2, p. 18-25, abr./jun. 1998.

ALMEIDA, P. N. *Educação lúdica*: técnicas e jogos pedagógicos. São Paulo: Loyola, 1998.

ALMEIDA, T. Montessori: o tempo o faz cada vez mais atual. *Perspectiva*, Florianópolis, v. 1, n. 2, p. 9-19, jan./jun. 1984.

ARAÚJO, V. C. *O jogo no contexto da educação psicomotora*. São Paulo: Cortez, 1992.

BRITO, I. G. *A ludicidade: um meio de facilitar o ensino dos educadores*. 2013. Monografia (graduação em Pedagogia) – Universidade Federal da Paraíba, São Bento, PB, 2013.

BROUGÈRE, G. Ninguém nasce sabendo brincar. É preciso aprender. *Revista Nova Escola*, São Paulo, ano XXV, n. 230, p. 32-35, mar. 2010.

BRUNER, J. *Atos de significação*. Porto Alegre: Artes Médicas, 1997.

CHATEU, J. *O jogo e a criança*. São Paulo: Summus, 1987.

CHIAVENATO, I. *Gestão de pessoas*: o novo papel dos recursos humanos nas organizações. 3. ed. Rio de Janeiro: Elsevier, 2008.

COELHO, M. T. C. *Problemas de aprendizagem*. 12. ed. São Paulo: Ática, 2002.

CONGRESSO BRASILEIRO DE EDUCAÇÃO MONTESSORIANA. *Anais* [...]. V. 2. Rio de Janeiro: Associação Montessori do Brasil, 1976, p. 312-314.

DE BONO, E. *Criatividade levada a sério*: como gerar ideias produtivas através do pensamento lateral. São Paulo: Pioneira, 1994.

FARIA, M. F. B.; ALENCAR, E. Estímulos e barreiras à criatividade no ambiente de trabalho. *Revista de Administração*, São Paulo, v. 31, n. 2, p. 50-61, abr./jun. 1996.

GARDNER, H. *Inteligências múltiplas*: a teoria na prática. Porto Alegre: Artes Médicas, 1995.

HUIZINGA, J. *Homo ludens*: o jogo como elemento de cultura. 5. ed. São Paulo: Perspectiva, 2004.

LUBART, T. *Psicologia da criatividade*. Porto Alegre: Artmed, 2007.

MACHADO, I. L. *Um homem novo para um mundo novo*. São Paulo: Pioneira, 1986.

MALUF, A. C. M. *Brincar*: prazer e aprendizado. Petrópolis: Vozes, 2003.

MALUF, A. C. M. *Atividades recreativas para divertir e ensinar*. Petrópolis: Vozes, 2005.

MALUF, A. C. M. *Brincadeiras para sala de aula*. Petrópolis: Vozes, 2010.

MENDES, A. *et al.* MONTESSORI (1870-1952): Estrutura de educação. *Maria Montessori*, [s. l.], 14 jun. 2010. Disponível em: https://mmontessori.wordpress.com/2010/06/14/montessori-1870-1952-estrutura-de-educacao/. Acesso em: 18 dez. 2023.

MIRANDA, V. *Aprendendo a aprender*: atividades e experiências. Curitiba: Positivo, 2008.

MONTESSORI, M. *Para educar o potencial humano*. Rio de Janeiro: Papirus, 1948.

OLIVEIRA, M. K. *Vygotsky*: aprendizado e desenvolvimento – Um processo sócio-histórico. São Paulo: Scipione, 1999.

OLIVEIRA, Z. R. *Jogo de papéis*: uma perspectiva para análise do desenvolvimento humano. 1988. Tese (doutorado) – Universidade de São Paulo, São Paulo, 1988.

ONRUBIA, J. Ensinar: criar zonas de desenvolvimento proximal e nelas intervir. In: COLL, C. (org.). *O construtivismo em sala de aula*. 6. ed. São Paulo: Ática, 1996.

PAPERT, S. *A máquina das crianças*: repensando a escola na era da informática. Porto Alegre: Artes Médicas, 1994.

PERRENOUD, P. *Dez novas competências para ensinar*. Porto Alegre: Artmed, 2000.

PERRENOUD, P. *Pedagogia diferenciada*: das intenções à ação. Porto Alegre: Artmed, 2000.

PIAGET, J.; INHELDER, B. *Psicologia da criança*. 13. ed. Rio de Janeiro: Bertrand Brasil, 1994.

PINHEIRO, I. A.; SANTOS, V. S.; RIBEIRO FILHO, F. G. Brincar de Geografia: o lúdico no processo de ensino e aprendizagem. *Equador*, Teresina, v. 2, n. 2, p. 25-41, jul./dez. 2013.

ROBBINS, S. P. *Administração*: mudanças e perspectivas. São Paulo: Saraiva, 2000.

SANTOS, S. M. P. (org.). *Brinquedoteca*: o lúdico em diferentes contextos. Petrópolis: Vozes, 1997.

TORRANCE, E. P. *Rewarding Creative Behavior*. Nova Jersey: Prentice Hall, 1965.

VYGOTSKY, L. S. *Pensamento e linguagem*. São Paulo: Martins Fontes, 1989.

ZABALA, A. *A prática educativa*: como ensinar. Tradução de Ernani F. F. Rosa. Porto Alegre: Artmed, 1998.

Conecte-se conosco:

f facebook.com/editoravozes

[◎] @editoravozes

[X] @editora_vozes

[▶] youtube.com/editoravozes

[◯] +55 24 2233-9033

www.vozes.com.br

Conheça nossas lojas:

www.livrariavozes.com.br

Belo Horizonte – Brasília – Campinas – Cuiabá – Curitiba
Fortaleza – Juiz de Fora – Petrópolis – Recife – São Paulo

EDITORA VOZES LTDA.
Rua Frei Luís, 100 – Centro – Cep 25689-900 – Petrópolis, RJ
Tel.: (24) 2233-9000 – E-mail: vendas@vozes.com.br